Impressum
Verlag: BABADADA GmbH, Nedderfeld 112 , 22529 Hamburg
Geschäftsführer / Verlagsleitung: Harald Hof
Druck: Books on Demand GmbH, In de Tarpen 42, 22848 Norderstedt

Imprint
Publisher: BABADADA GmbH, Nedderfeld 112 , 22529 Hamburg, Germany
Managing Director / Publishing direction: Harald Hof
Print: Books on Demand GmbH, In de Tarpen 42, 22848 Norderstedt, Germany

mokykla

դպրոց

klasė
մատյան
dalinti
բաժանել
186/2
lenta
գրատախտա
կ
mokyklos kiemas
խաղադաշտ
mokytojas
ուսուցիչ
popierius
թուղթ
rašyti
գրել
rašiklis
գրիչ
rašomasis stalas
գրասեղան
liniuotė
քանոն
knyga
գիրք
mokinys
աշակերտ

kuprinė

պայուսակ

penalas

գրչատուփ

pieštukas

մատիտ

drožtukas

մատիտի սրիչ

trintukas

ռետին

piešimo bloknotas

նկարչական ալբոմ

piešinys

Նկարչություն

teptukas

վրձին

dažų dėžutė

Ներկերի տուփ

žirklės

մկրատ

klijai

սոսինձ

vadovėlis

տետր

namų darbai

Տնային աշխատանք

numeris

թիվ

pridėti

գումարել

atimti

հանել

dauginti

բազմապատկել

skaičiuoti

հաշվել

raidė

տառ

abėcėlė

այբուբեն

žodis

բառ

tekstas

տեքստ

skaityti

կարդալ

kreida

կավիճ

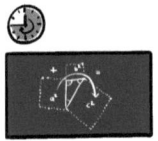

pamoka

դաս

dienynas

մատյան

egzaminas

քննություն

pažymėjimas

վկայական

mokyklinė uniforma

դպրոցական համազգեստ

išsilavinimas

կրթություն

enciklopedija

հանրագիտարան

universitetas

համալսարան

mikroskopas

մանրադիտակ

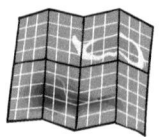

žemėlapis

քարտեզ

šiukšliadėžė

աղբարկղ

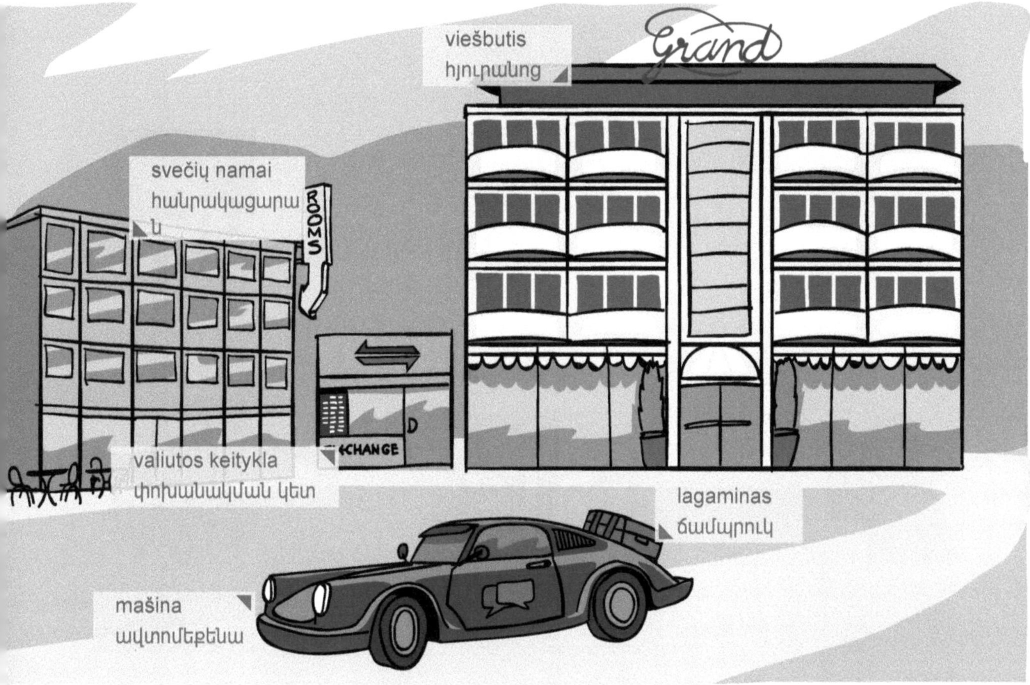

viešbutis
հյուրանոց
Grand
svečių namai
հանրակացարա
ն
ROOMS
CHANGE
valiutos keitykla
փոխանակման կետ
lagaminas
ճամպրուկ
mašina
ավտոմեքենա

kalba

լեզու

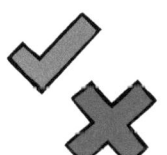

taip / ne

այո / ոչ

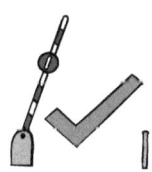

Gerai

Լավ

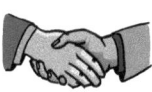

sveiki

ողջույն

vertėjas raštu

թարգմանիչ

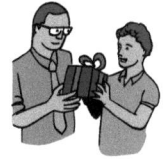

Ačiū

Շնորհակալություն

kiek kainuoja...?

Որքան է ...?

aš nesuprantu

Ես չեմ հասկանում

problema

խնդիր

Labas vakaras!

Բարի երեկո

Labas rytas!

Բարի լույս

Labos nakties!

Բարի երեկո

viso gero

ցտեսություն

kryptis

ուղղություն

bagažas

ուղղեբեռ

krepšys

պայուսակ

kuprinė

մեջքի պայուսակ

svečias

հյուր

kambarys

սենյակ

miegmaišis

քնապարկ

palapinė

վրան

turizmo informacija

Զբոսաշրջության տեղեկատվական

paplūdimys

լողափ

kreditinė kortelė

ԿՐԵԴԻՏ քարտ

pusryčiai

նախաճաշ

pietūs

լանչ

vakarienė

ճաշ

bilietas

տոմս

liftas

վերելակ

pašto ženklas

կնիք

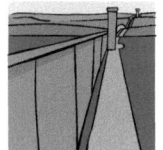

siena

սահման

multinė

մաքսային

ambasada

դեսպանություն

viza

մուտքի արտոնագիր

pasas

անձնագիր

transportas
Փոխադրամիջոցներ

lėktuvas
ինքնաթիռ
laivas
նավ
gaisrinė mašina
հրշեջ մեքենա
autobusas
ավտոբուս
sunkvežimis
բեռնատար մեքենա
motorinė valtis
մոտորանավակ
mašina
ավտոմեքենա
motociklas
հեծանիվ

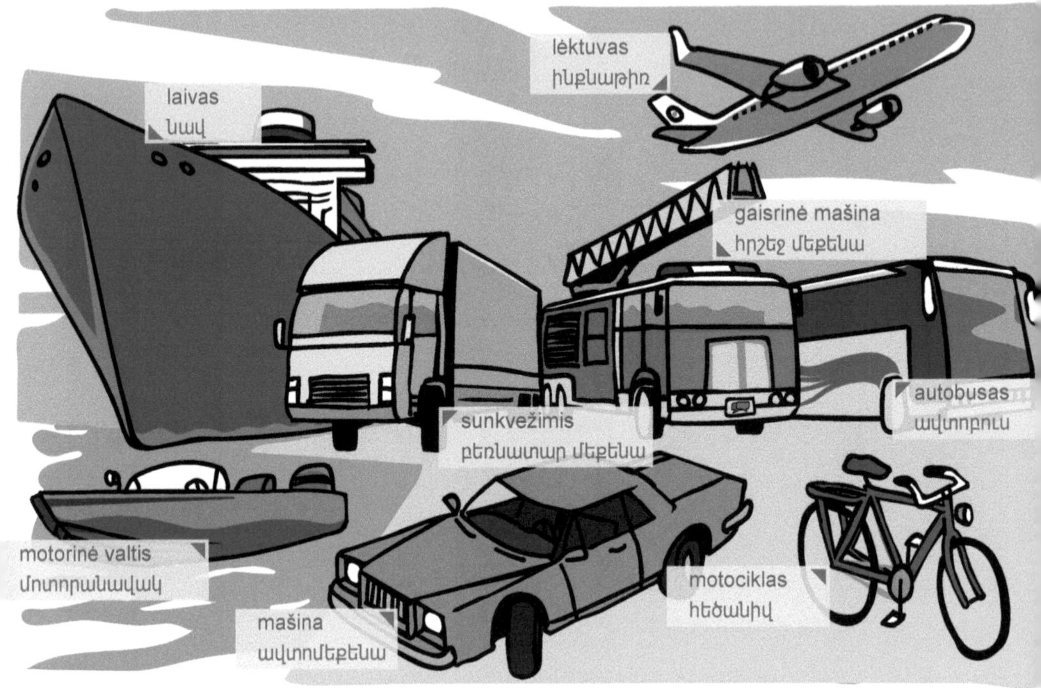

keltas

լաստանավ

valtis

նավակ

mopedas

մոտոցիկլ

policijos automobilis

ոստիկանության մեքենա

lenktyninis automobilis

մրցարշավային մեքենա

nuomojamas automobilis

վարձակալվող մեքենա

bendras automobilio
naudojimas

մեքենայի վարձակալում

techninės pagalbos
automobilis

էվակուատոր

šiukšliavežė

աղբահանության մեքենա

variklis

շարժիչ

degalai

վառելիք

degalinė

բենզալցակայան

kelio ženklas

երթևեկության նշան

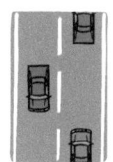

eismas

երթևեկություն

eismo spūstis

խցանում

mašinų stovėjimo aikštelė

ավտոկանգառ

traukinių stotis

երկաթուղային կայարան

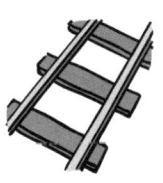

bėgiai

երկաթուղագիծ

traukinys

գնացք

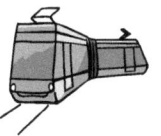

tramvajus

տրամվայ

vagonas

վագոն

sraigtasparnis

ուղղաթիռ

oro uostas

օդանավակայան

bokštas

աշտարակ

keleivis

ուղեւոր

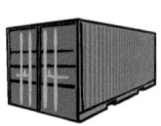

konteineris

աման

dėžė

խավաքարտ

vežimėlis

սայլ

krepšys

զամբյուղ

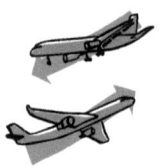

pakilti / nusileisti

հանեք / հողատարածք

miestas

քաղաք

kaimas

գյուղ

miesto centras

քաղաքի կենտրոնում

namas

տուն

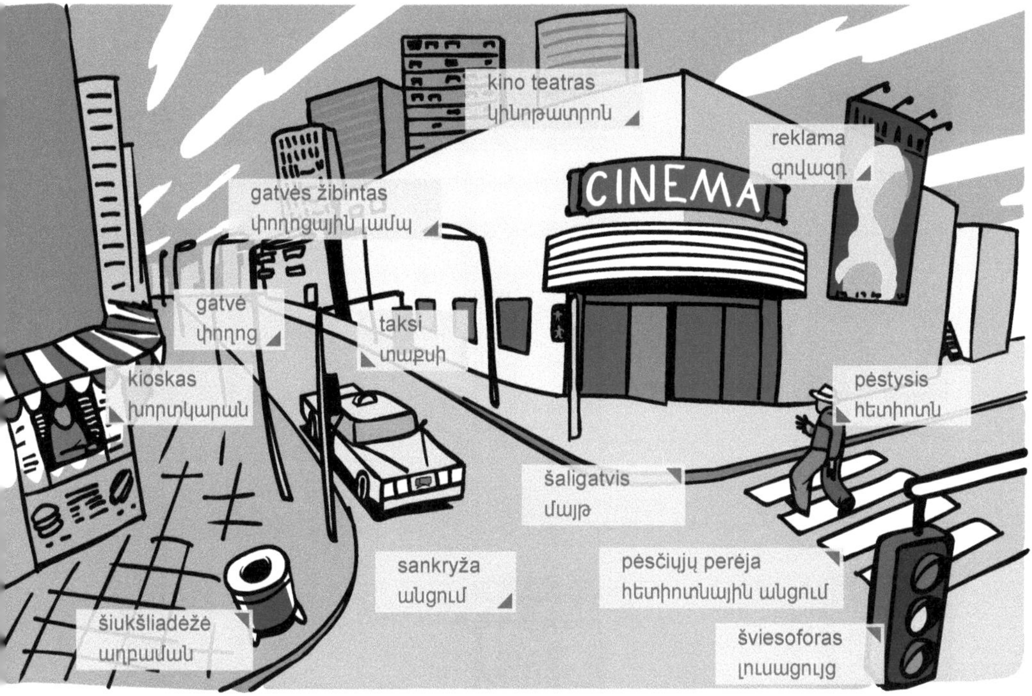

kino teatras
կինոթատրոն

reklama
գովազդ

gatvės žibintas
փողոցային լամպ

CINEMA

gatvė
փողոց

taksi
տաքսի

pėstysis
հետիոտն

kioskas
խորտկարան

šaligatvis
մայթ

sankryža
անցում

pėsčiųjų perėja
հետիոտնային անցում

šiukšliadėžė
աղբաման

šviesoforas
լուսացույց

trobelė

խրճիթ

butas

բնակարան

traukinių stotis

երկաթուղային կայարան

rotušė

քաղաքապետարան

muziejus

թանգարան

mokykla

դպրոց

universitetas

համալսարան

bankas

բանկ

ligoninė

հիվանդանոց

viešbutis

հյուրանոց

vaistinė

դեղատուն

biuras

գրասենյակ

knygynas

գրքույկ խանութ

parduotuvė

խանութ

gėlių parduotuvė

ծաղկի խանութ

prekybos centras

սուպերմարկետ

turgus

շուկա

universalinė parduotuvė

հանրախանութ

žuvies parduotuvė

ձկան խանութ

prekybos centras

առևտրի կենտրոն

uostas

նավահանգիստ

parkas

զբոսայգի

suoliukas

բանկերը

tiltas

կամուրջ

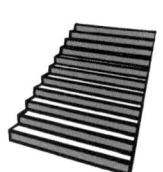

laiptai

աստիճաններ

metro

մետրո

tunelis

թունել

autobusų stotelė

ավտոբուսի կանգառ

baras

բար

restoranas

ռեստորան

lauko pašto dėžutė

փոստարկղ

kelio ženklas

փողոցային նշան

parkomatas

ավտոկայանման հաշվիչ

zoologijos sodas

կենդանաբանական այգի

baseinas

լողավազան

mečetė

մզկիթ

ūkininko ūkis

ֆերմա

tarša

աղտոտման

kapinės

գերեզմանոց

bažnyčia

եկեղեցի

žaidimų aikštelė

խաղահրապարակ

šventykla

տաճար

kraštovaizdis
բնապատկեր

lapas
փետղ

kelio rodyklė
ուղղության նշան

kelias
ճանապարհ

pieva
մարգագետին

akmuo
քար

medis
ծառ

ėjikas
արշավականներ

upė
գետ

žolė
խոտ

gėlė
ծաղիկ

slėnis

հովիտ

kalva

բլուր

ežeras

լիճ

miškas

անտառ

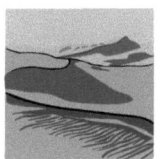

dykuma

անապատ

ugnikalnis

հրաբուխ

pilis

ամրոց

vaivorykštė

ծիածան

grybas

սունկ

palmė

արմավենու ծառ

uodas

մժեղ

musė

թռչել

skruzdėlė

մրջյուն

bitė

մեղու

voras

սարդ

vabalas

բզեզ

varlė

գորտ

voverė

սկյուռ

ežys

ոզնի

kiškis

նապաստակ

pelėda

բու

paukštis

թռչուն

gulbė

կարապ

šernas

վարազ

elnias

եղջերու

briedis

իշայծյամ

užtvanka

պատնեշ

vėjo jėgainė

քամին տուրբինների

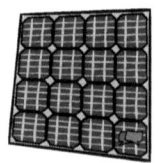

saulės baterija

արեւային վահանակ

klimatas

կլիմա

restoranas
ռեստորան

padavėjas
մատուցող
meniu
մենյու
kėdė
աթոռ
sriuba
ապուր
pica
պիցցա
staltiesė
սփռոց
stalo įrankiai
սպասք

užkandis

ստարտեր

pagrindinis patiekalas

հիմնական կերակուր

desertas

դեսերտ

gėrimai

օրական

maistas

սնունդ

butelis

շիշ

greitai pateikiamas maistas

արագ սնունդ

gatvės maistas

streetfood

arbatinukas

թեյնիկ

cukrinė

շաքարաման

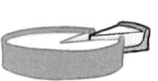

porcija

բաժին

espreso aparatas

էսպրեսսո մեքենա

aukšta kėdė

մանկական աթոռ

sąskaita

օրինագիծ

padėklas

սկուտեղ

peilis

դանակ

šakutė

պատառաքաղ

šaukštas

գդալ

arbatinis šaukštelis

թեյի գդալ

servetėlė

անձեռոցիկ

stiklinė

ապակի

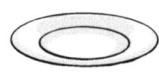

lėkštė

ափսե

sriubos lėkštė

խոր ափսե

padėklas

պնակ

padažas

սոուս

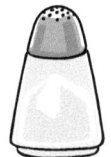

druskinė

աղաման

pipirų malūnėlis

պղպեղի աղաց

actas

քացախ

aliejus

ձեթ

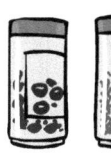

prieskoniai

համեմունքներ

kečupas

կետչուպ

garstyčios

մանանեխ

majonezas

մայոնեզ

prekybos centras
սուպերմարկետ

specialus pasiūlymas
հատուկ առաջարկ
FOR
pirkėjas
հաճախորդ
pieno produktai
Dairy
vaisiai
միրգ
troleibusas
գնումների սայլակ

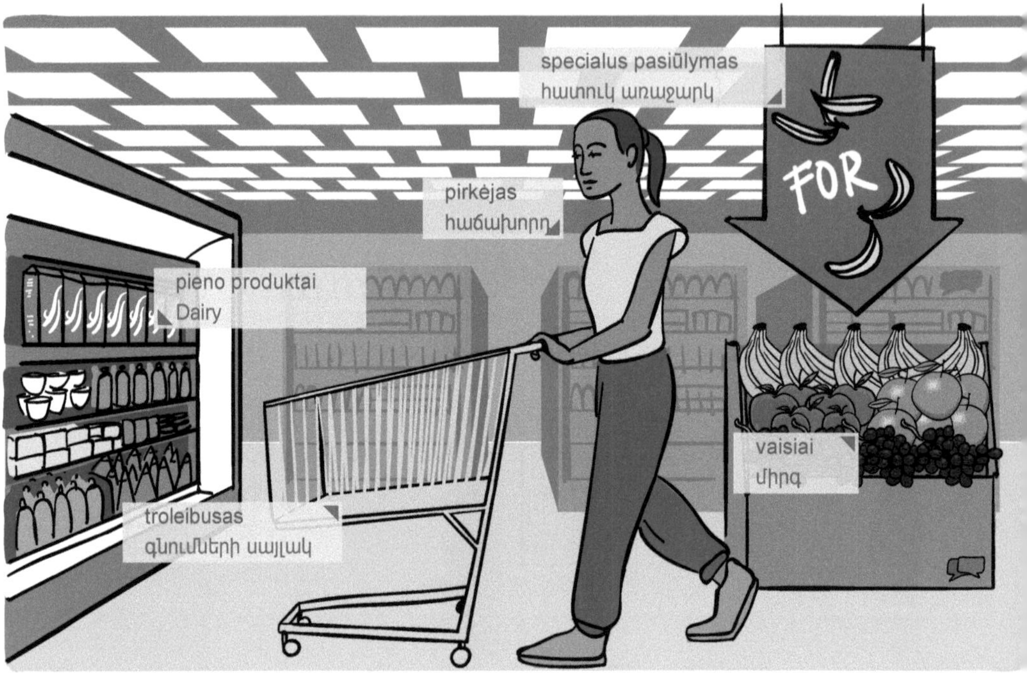

mėsos parduotuvė

մսամթերքի խանութ

kepykla

հացամթերքի խանութ

sverti

կշռել

daržovės

բանջարեղեն

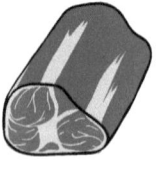

mėsa

միս

šaldytas maistas

սառեցված սննդամթերքի

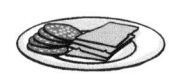

šalti mėsos užkandžiai

երշիկեղեն

konservai

պահածոներ

skalbimo milteliai

լվացքի փոշի

saldumynai

քաղցրավենիք

ūkinės prekės

տնտեսական ապրանքներ

valymo priemonės

մաքրող միջոցներ

pardavėja

վաճառող

kasos aparatas

դրամարկղ

kasininkas

գանձապահ

pirkinių sąrašas

գնումների ցուցակ

darbo valandos

ժամերը

piniginė

դրամապանակ

kreditinė kortelė

ԿՐԵԴԻՏ քարտ

maišelis

պայուսակ

plastikinis maišelis

պլաստիկ տոպրակ

gėrimai
օրական

vanduo

ջուր

sultys

հյութ

pienas

կաթ

kola

կոլա

vynas

գինի

alus

գարեջուր

alkoholis

սպիրտ

kakava

կակաո

arbata

թեյ

kava

սուրճ

espresas

էսպրեսսո

kapučinas

կապուչինո

bananas
....
բանան

obuolys
....
խնձոր

apelsinas
....
նարնջի

arbūzas
....
սեխ

citrina
....
կիտրոն

morka
....
գազար

česnakas
....
սխտոր

bambukas
....
բամբուկ

svogūnas
....
սոխ

grybas
....
սունկ

riešutai
....
ընկուզեղեն

makaronai
....
արիշտա

spagečiai

սպագետտի

ryžiai

բրինձ

salotos

աղցան

traškučiai

չիպս

keptos bulvės

տապակած կարտոֆիլ

pica

պիցցա

mėsainis

համբուրգեր

sumuštinis

սենդվիչ

pjausnys

կոտլետ

kumpis

խոզապուխտ

saliamis

սալյամի

dešrelė

երշիկ

vištiena

հավ

kepsnys

խորոված

žuvis

ձուկ

avižų dribsniai
....
վարսակի փաթիլներ

dribsniai su priedais
....
մյուսլի

kukurūzų dribsniai
....
եգիպտացորենի փաթիլներ

miltai
....
ալյուր

prancūziškasis ragelis
....
կրուասան

bandelė
....
բուլկի

duona
....
հաց

skrebutis
....
տոստ

sausainiai
....
թխվածքաբլիթներ

sviestas
....
կարագ

varškė
....
կաթնաշոռ

tortas
....
տորթ

kiaušinis
....
ձու

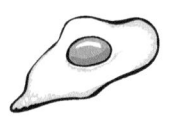

kiaušinienė
....
տապակած ձու

sūris
....
պանիր

ledai

պաղպաղակ

cukrus

շաքար

medus

մեղր

uogienė

ջեմ

tepamas šokoladas

նուգա սերուցք

karis

կարրի

ūkininko ūkis
ֆերմա

sodyba
ֆերմային տնակ
klėtis
գոմ
šieno kupeta
ծղոտի դեզ
laukas
դաշտ
arklys
ձի
priekaba
կցասայլ
traktorius
տրակտոր
kumeliukas
քուռակ
asilas
ավանակ
avis
ոչխար
ėriukas
գառ

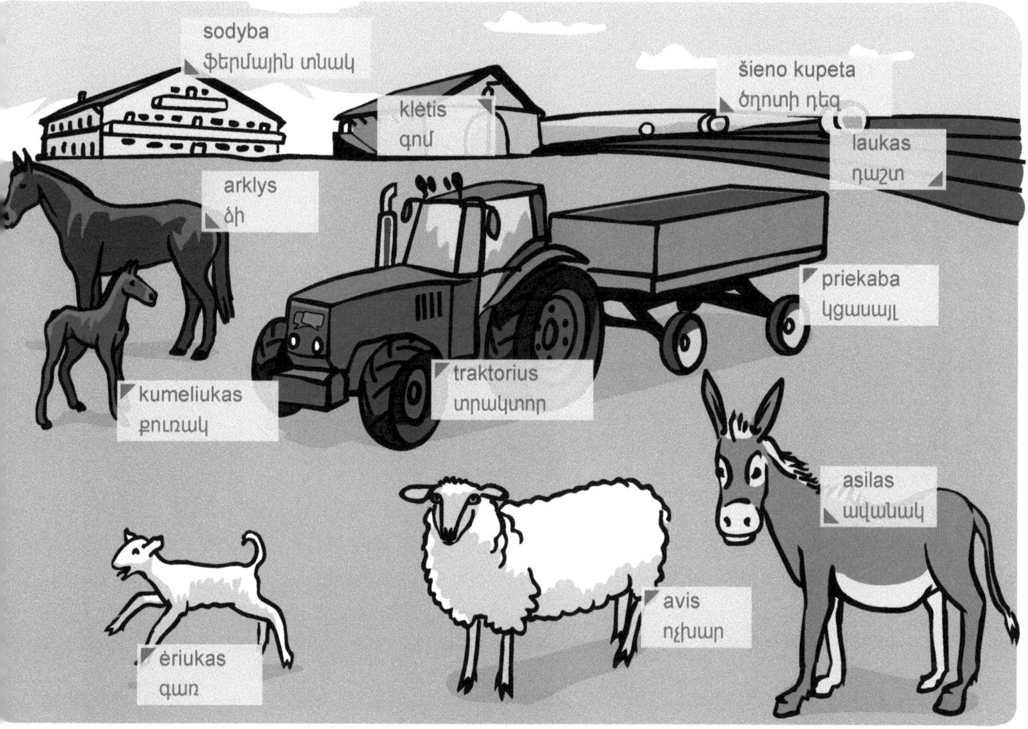

ožys
....
այծ

karvė
....
կով

veršis
....
հորթ

kiaulė
....
խոզ

paršelis
....
խոճկոր

bulius
....
ցուլ

žąsis

սագ

antis

բադ

viščiukas

ճուտ

višta

հավ

gaidys

աքլոր

žiurkė

առնետ

katė

կատու

pelė

մուկ

jautis

ցուլ

šuo

շուն

šuns būda

շան բուն

sodo namas

այգու փողրակ

laistytuvas

watering կարող է

dalgis

գերանդի

plūgas

գութան

pjautuvas

մանգաղ

kauptukas

թոխր

šakės

եղան

kirvis

կացին

statinė

միանիվ ձեռնասայլակ

lovys

կերակրատաշտ

bidonas

կաթի բիդոն

maišas

պարկ

tvora

ցանկապատ

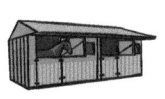

arklidė

կայուն

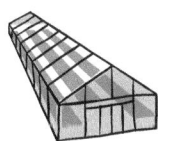

šiltnamis

ջերմոց

dirva

հող

sėkla

սերմ

trąšos

պարարտանյութ

kombainas

բերքահավաք կոմբայն

rinkti

բերք

derlius

բերք

saldžiosios bulvės

յամս

kviečiai

ցորեն

soja

սոյա

bulvė

կարտոֆիլ

kukurūzai

եգիպտացորեն

rapsai

rapeseed

vaismedis

մրգային ծառ

manijokas

manioc

grūdai

շիլաներ

namas

տուն

kaminas
ծխնելույզ
stogas
տանիք
stogvamzdis
ջրհորդան խողովակ
langas
պատուհան
garažas
ավտոտնակ
durų skambutis
դռան զանգ
durys
դուռ
šiukšlių dėžė
աղբարկղ
pašto dėžutė
փոստարկղ
sodas
պարտեզ

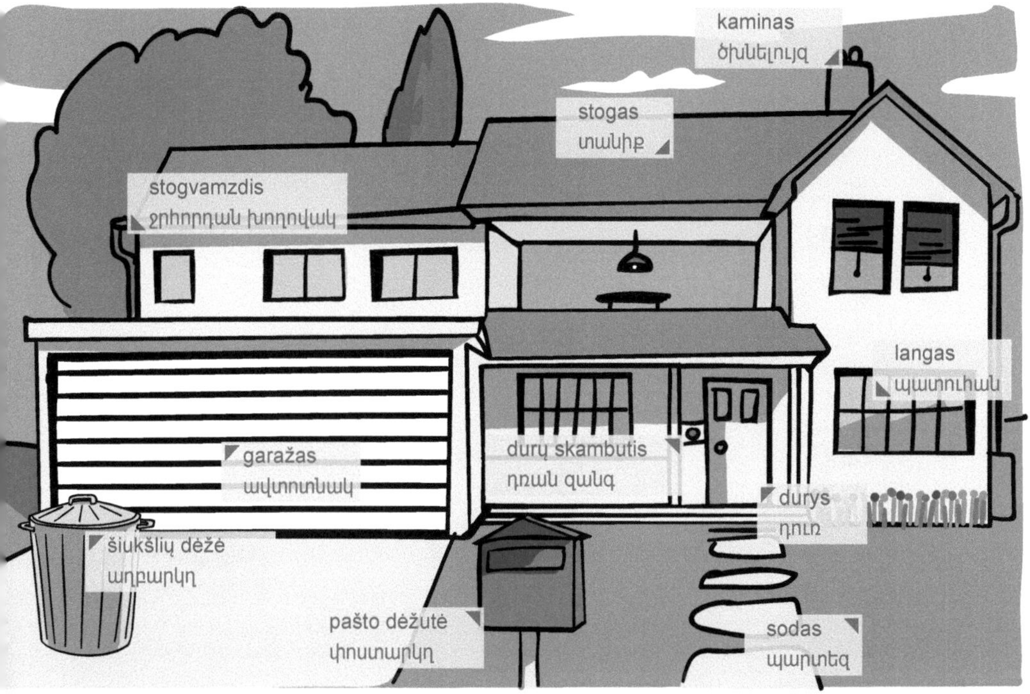

svetainė

հյուրասենյակ

vonios kambarys

լողասենյակ

virtuvė

խոհանոց

miegamasis

ննջարան

vaiko kambarys

մանկական սենյակ

valgomasis

ճաշասենյակ

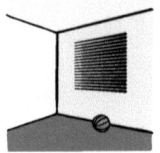

grindys

հարկ

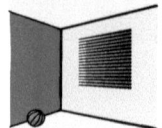

siena

պատ

lubos

առաստաղ

rūsys

նկուղ

sauna

շոգեբաղնիք

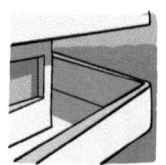

balkonas

պատշգամբ

terasa

պատշգամբ

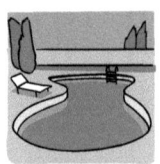

baseinas

ավազան

žoliapjovė

խոտհնձիչ

paklodė

թերթ

lovatiesė

անկողնու ծածկոց

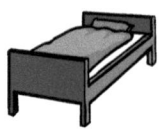

lova

մահճակալ

šluota

ավել

kibiras

դույլ

jungiklis

անջատիչ

svetainė

հյուրասենյակ

tapetai
պաստառ
nuotrauka
նկար
šviestuvas
լամպ
lentyna
դարակ
spintelė
բուֆետ
televizorius
հեռուստացույց
židinys
բուխարի
gėlė
ծաղիկ
pagalvėlė
բարձ
sofa
բազմոց
vaza
սկահակ
nuotolinio valdymo pultelis
հեռակառավարման վահանակ

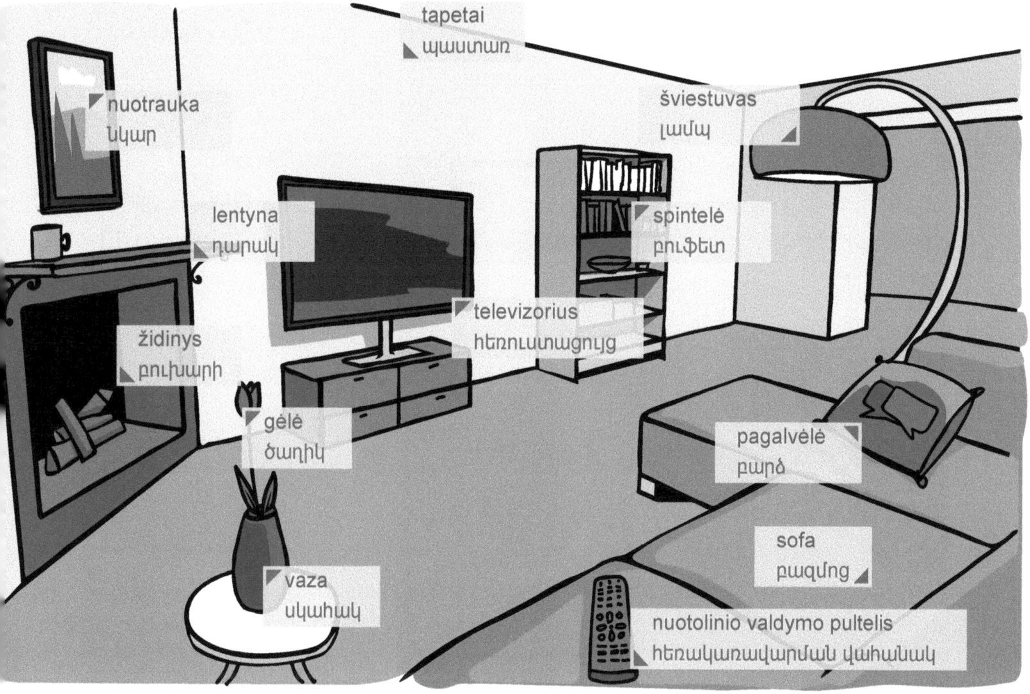

kilimas

գորգ

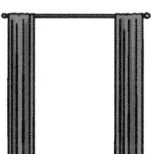

užuolaida

վարագույր

stalas

սեղան

kėdė

աթոռ

supamasis krėslas

ճոճվող բազկաթոռ

fotelis

բազկաթոռ

knyga

գիրք

antklodė

վերմակ

papuošimai

զարդարանք

malkos

վառելափայտ

filmas

ֆիլմ

stereo aparatūra

hi-fi

raktas

բանալի

laikraštis

թերթ

paveikslas

նկար

plakatas

պլակատ

radijas

ռադիո

užrašų knygelė

տետր

dulkių siurblys

փոշեկուլ

kaktusas

կակտուս

žvakė

մոմ

virtuvė
խոհանոց

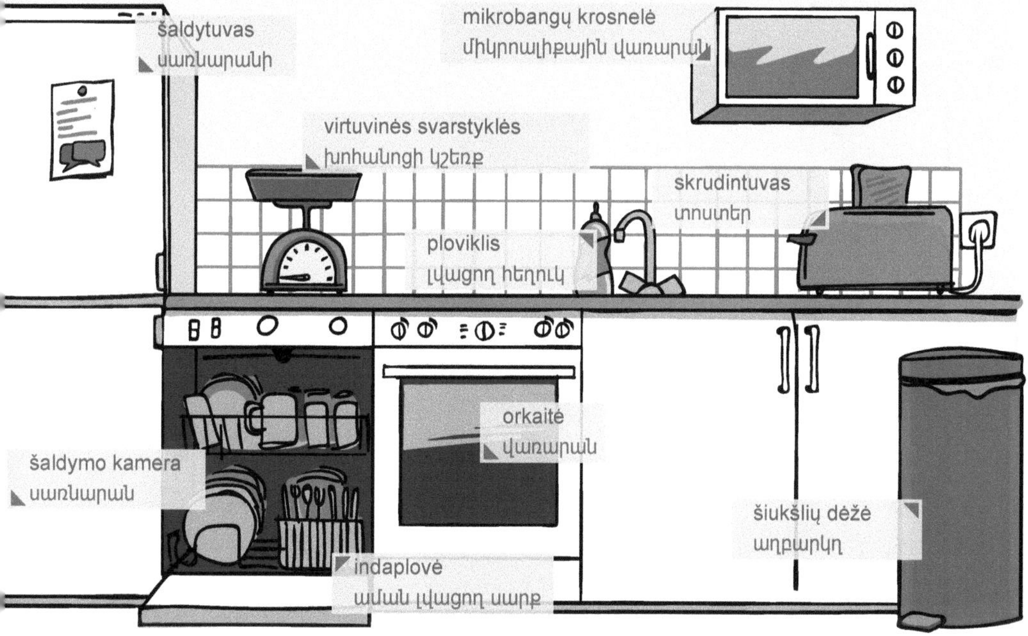
šaldytuvas
սառնարանի
mikrobangų krosnelė
միկրոալիքային վառարան
virtuvinės svarstyklės
խոհանոցի կշեռք
skrudintuvas
տոստեր
ploviklis
լվացող հեղուկ
orkaitė
վառարան
šaldymo kamera
սառնարան
šiukšlių dėžė
աղբարկղ
indaplovė
աման լվացող սարք

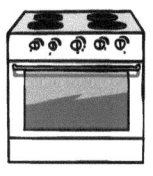

viryklė

կաթսա

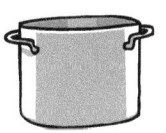

puodas

կճուճ

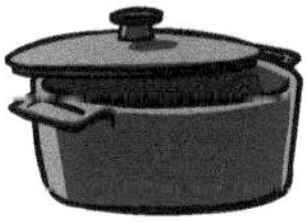

ketaus puodas

թուջե աման

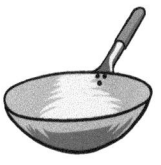

„wok“ keptuvė

wok / kadai

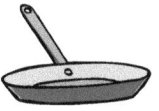

keptuvė

թավա

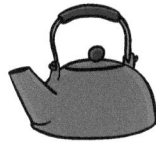

virdulys

թեյնիկ

garų puodas

շոգենավ

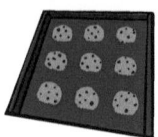

kepimo skarda

ջեռոցի սկուտեղ

porceliano indai

ամանեղեն

puodelis

բաժակ

dubuo

խորը աման

valgomosios lazdelės

փայտիկներ

samtis

շերեփ

mentelė

խոհանոցային բահիկ

plaktuvas

հարել

koštuvas

քամիչ

sietas

մաղ

trintuvė

քերիչ

grūstuvė

հավանգ

kepsninė

խորոված

atvira liepsna

բաց կրակի

pjaustymo lentelė

տախտակ

kočėlas

գրտնակ

kamščiatraukis

խցանահան

skardinė

բանկա

skardinių atidarytuvas

բացիչ

puodkėlė

խոհանոցային բռնիչ

kriauklė

լվացարան

šepetys

խոզանակ

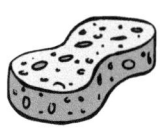

kempinė

սպունգ

trintuvas

բլենդեր

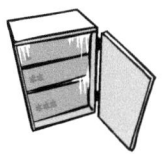

šaldiklis

սառնարան

kudikių buteliukas

մանկական շիշ

čiaupas

թակել

vonios kambarys

լողասենյակ

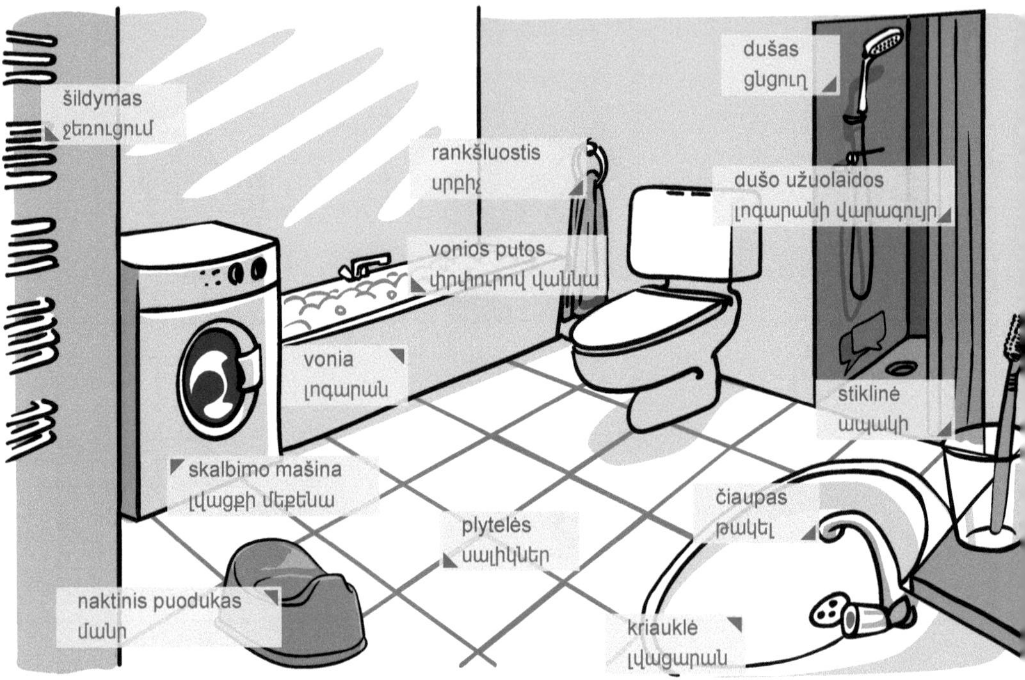

šildymas
ջեռուցում
rankšluostis
սրբիչ
dušas
ցնցուղ
dušo užuolaidos
լոգարանի վարագույր
vonios putos
փրփուրով վաննա
vonia
լոգարան
stiklinė
ապակի
skalbimo mašina
լվացքի մեքենա
čiaupas
թակել
plytelės
սալիկներ
naktinis puodukas
մանր
kriauklė
լվացարան

unitazas

զուգարան

tupimasis unitazas

կզելը զուգարան

bidė

բիդե

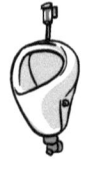

pisuaras

pissoir

tualetinis popierius

զուգարանի թուղթ

unitazo šepetys

զուգարանի խոզանակ

dantų šepetėlis

ատամի խոզանակ

dantų pasta

ատամի քսուք

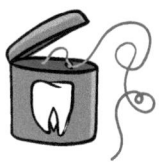

dantų siūlas

ատամի թել

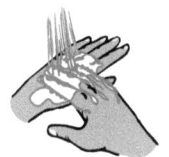

plauti

լվանալ

dušo galvutė

ծեռքի ցնցուղ

higieninis dušas

ցնցուղ

praustuvas

ավազան

nugaros plaušinė

մեջքի խոզանակ

muilas

օճառ

dušo želė

լոգանքի գել

šampūnas

շամպուն

plaušinė

ճիլոպ

kanalizacija

հատականցք

kremas

կրեմ

dezodorantas

դեզոդորանտ

veidrodis

հայելի

veidrodėlis

ձեռքի հայելի

skustuvas

սափրիչ

skutimosi putos

Սափրվելու փրփուր

losjonas po skutimosi

սափրվելուց հետո քսվող լոսյոն

šukos

սանր

šepetys

խոզանակ

plaukų džiovintuvas

մազերի չորացուցիչ

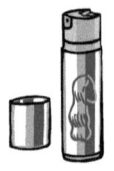

plaukų lakas

մազի լաք

makiažas

դիմահարդարում

lūpdažis

շրթնաներկ

nagų lakas

եղունգների լաք

vata

բամբակ

žirklutės nagams

եղունգների մկրատ

kvepalai

օծանելիք

maišelis skalbiniams

դիմահարդարման
պայուսակ

taburetė

աթոռակ

svarstyklės

կշեռք

chalatas

լողանալու խալաթ

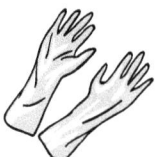

guminės pirštinės

ռետինե ձեռնոցներ

tamponas

տամպոն

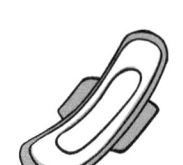

higieninis įklotas

սանիտարական սրբիչ

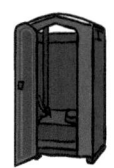

biotualetas

քիմիական զուգարան

vaiko kambarys
մանկական սենյակ

žadintuvas
զարթուցիչ ժամացույց
pliušinis žaislas
փափուկ խաղալիք
žaislinė mašinėlė
խաղալիք մեքենա
barškutis
բլբլալ
lėlės namelis
տիկնիկների տնակ
dovana

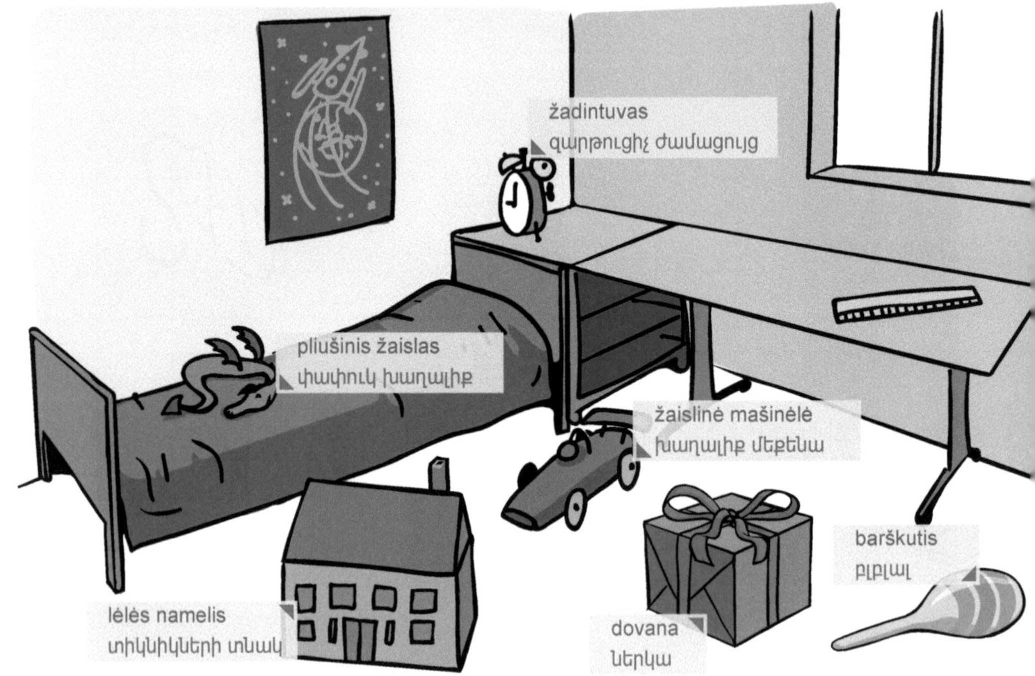

balionas

փուչիկ

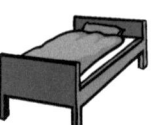

lova

մահճակալ

vaikiškas vežimėlis

մանկական սայլակ

kortų malka

խաղաթղթեր

delionė

խճապատկեր

komiksai

կոմիքս

lego kaladėlės

Լեգո կուբիկներ

žaislinės kaladėlės

կառուցողական խաղալիքներ

figūrėlė

ակցիան գործիչ

šliaužtinukai

մանկական բոդի

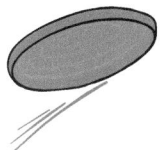

mėtymo lėkštė

Frisbee

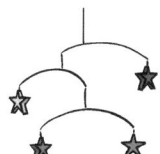

karuselė

շարժական

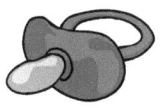

stalo žaidimas

խաղատախտակ

kauliukai

զառախաղ

žaislinis traukinys

գնացքների կազմ

žindukas

ծծակ

vakarėlis

կուսակցություն

paveiksliukų knygelė

մանկական պատկերազարդ գիրք

kamuolys

գնդակ

lėlė

տիկնիկ

žaisti

խաղալ

smėlio dėžė

ավազե խաղահրապարակի

sūpynės

ռիթմ

žaislai

Խաղալիքներ

žaidimų konsolė

վիդեո խաղ մխիթարել

triratukas

եռանիվ հեծանիվ

meškiukas

խաղալիք արջուկ

drabužių spinta

պահարան

drabužis

հագուստ

kojinės

կիսագուլպա

kojinės virš kelių

գուլպա

pėdkelnės

զուգագուլպա

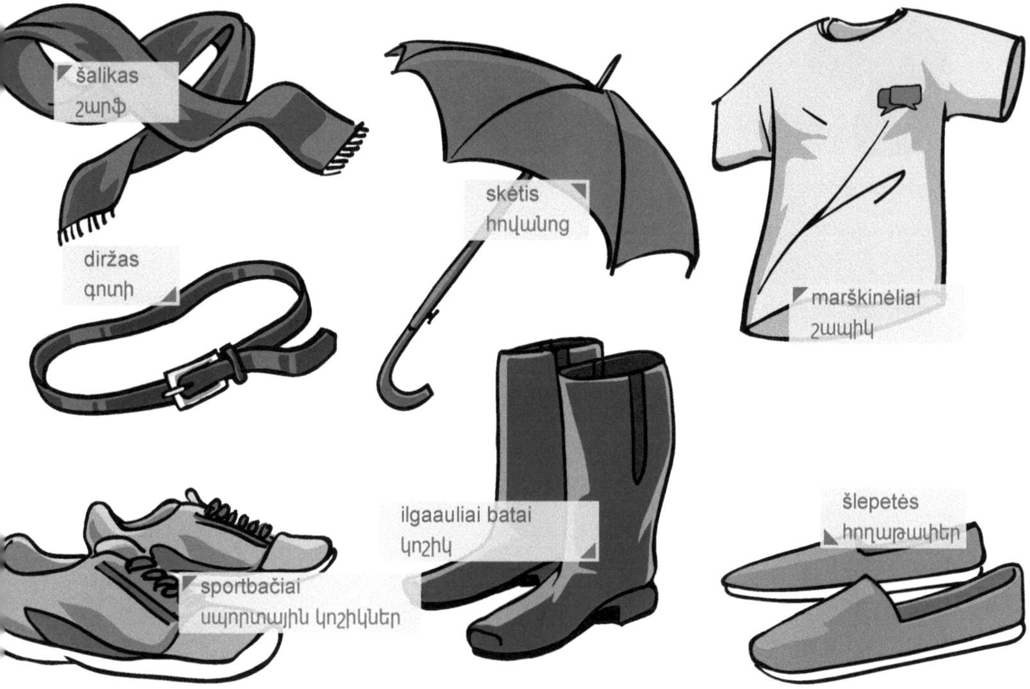

šalikas
շարֆ

diržas
գոտի

skėtis
հովանոց

marškinėliai
շապիկ

ilgaauliai batai
կոշիկ

šlepetės
հողաթափեր

sportbačiai
սպորտային կոշիկներ

sandalai
················
սանդալներ

batai
················
կոշիկ

guminiai batai
················
ռետինե կոշիկներ

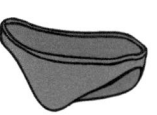

trumpikės
················
վարտիք

liemenėlė
················
կրծկալ

liemenė
················
մայկա

glaustinukė

մարմին

kelnės

անդրավարտիք

džinsai

ջինս

sijonas

կիսաշրջազգեստ

palaidinė

բլուզ

marškiniai

վերնաշապիկ

megztinis

պուլովեր

megztinis su gobtuvu

սպորտային կուրտկա

švarkelis

պիջակ

švarkas

կուրտկա

paltas

վերարկու

lietpaltis

անձրևանոց

kostiumas

կանացի կոստյում

suknelė

զգեստ

vestuvinė suknelė

հարսանյաց զգեստ

kostiumas

տղամարդու կոստյում

naktiniai marškiniai

գիշերանոց

pižama

պիժամա

saris

Սարի

skarelė

գլխաշորն

tiurbanas

չալմա

burka

չադրա

kaftanas

արևելյան խալաթ

abaja

հաստ վերարկու

maudymosi kostiumėlis

կանացի լողազգեստ

glaudės

տղամարդու լողազգեստ

šortai

շորտ

sportinis kostiumas

սպորտային համազգեստ

prijuostė

գոգնոց

pirštinės

ձեռնոցներ

saga

կոճակ

akiniai

ակնոց

apyrankė

ապարանջան

vėrinys

վզնոց

žiedas

մատանի

auskaras

ականջօղ

kepurė

գլխարկ

pakabas

կախիչ

skrybėlė

գլխարկ

kaklaraištis

փողկապ

užtrauktukas

շղթա

šalmas

սաղավարտ

breketai

տաբատակալ

mokyklinė uniforma

դպրոցական համազգեստ

uniforma

համազգեստ

48 drabužis - հագուստ

seilinukas

մանկական գոգնոց

žindukas

ծծակ

vystyklai

մանկական տակդիր

biuras

գրասենյակ

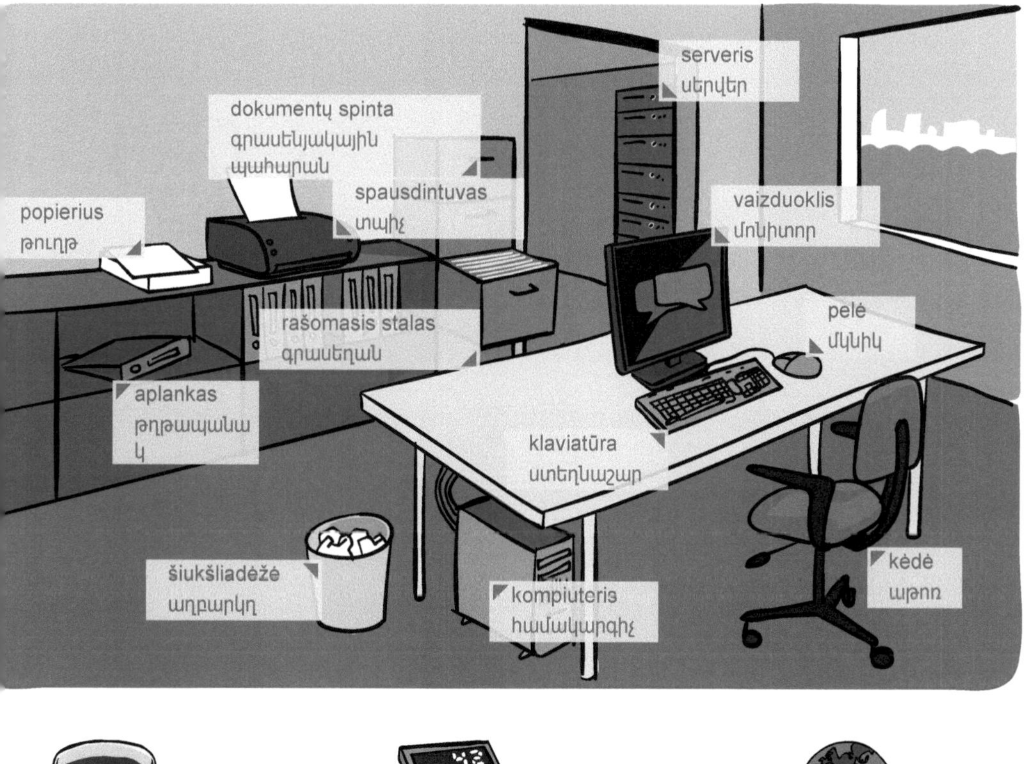

serveris
սերվեր

dokumentų spinta
գրասենյակային
պահարան

spausdintuvas
տպիչ

popierius
թուղթ

vaizduoklis
մոնիտոր

rašomasis stalas
գրասեղան

pelė
մկնիկ

aplankas
թղթապանակ

klaviatūra
ստեղնաշար

šiukšliadėžė
աղբարկղ

kompiuteris
համակարգիչ

kėdė
աթոռ

kavos puodelis

սուրճի գավաթ

kalkuliatorius

հաշվիչ

internetas

ինտերնետ

nešiojamasis kompiuteris

laptop

laiškas

նամակ

žinutė

հաղորդագրություն

mobilusis telefonas

բջջային հեռախոս

tinklas

ցանց

fotokopijavimo aparatas

պատճենահանման սարք

programinė įranga

ծրագրային ապահովում

telefonas

հեռախոս

kištukinis lizdas

վարդակ

faksas

ֆաքսի մեքենա

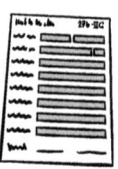

forma

տեսակ

dokumentas

փաստաթուղթ

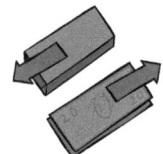

pirkti

գնել

mokėti

վճարել

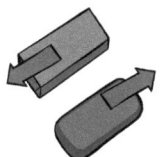

prekiauti

առեւտրի

pinigai

փող

USD

doleris

դոլար

EUR

euras

եվրո

JPY

jena

իեն

RUB

rublis

ռուբլի

CHF

Šveicarijos frankas

շվեյցարական ֆրանկ

CNY

juanis

յուան

INR

rupija

ռուպի

bankomatas

բանկոմատ

valiutos keitykla

փոխանակման կետ

auksas

ոսկի

sidabras

արծաթ

nafta

նավթ

energija

էներգիա

kaina

գին

sutartis

պայմանագիր

mokestis

հարկ

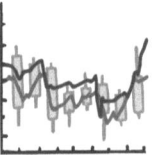

akcijos

ակցիաներ

dirbti

աշխատանք

darbuotojas

ծառայող

darbdavys

գործատուն

gamykla

գործարան

parduotuvė

խանութ

profesijos
մասնագիտություն

policininkas
ոստիկան
ugniagesys
հրշեջ
virėjas
խոհարար
gydytojas
բժիշկ
lakūnas
օդաչու

sodininkas
այգեպան

stalius
ատաղձագործ

siuvėja
դերձակուհի

teisėjas
դատավոր

chemikas
քիմիկոս

aktorius
դերասան

autobuso vairuotojas

ավտոբուսի վարորդ

taksi vairuotojas

տաքսու վարորդ

žvejys

ձկնորս

valytoja

հավաքարար

stogdengys

տանիքագործ

padavėjas

մատուցող

medžiotojas

որսորդ

dailininkas

նկարիչ

kepėjas

հացթուխ

elektrikas

էլեկտրատեխնիկ

statybininkas

շինարար

inžinierius

ինժեներ

mėsininkas

մսագործ

santechnikas

ջրմուղագործ

paštininkas

փոստատար

kareivis

զինվոր

architektas

ճարտարապետ

kasininkas

գանձապահ

gėlininkas

ծաղկավաճառ

kirpėjas

վարսավիր

konduktorius

տոմսավաճառ

mechanikas

մեխանիկ

kapitonas

կապիտան

odontologas

ատամնաբույժ

mokslininkas

գիտնական

rabinas

ռաբբի

imamas

Իմամ

vienuolis

կուսակրոն

kunigas

հոգեւորական

įrankiai

գործիքներ

plaktukas
մուրճ
replės
տափակաբերան
աքցան
atsuktuvas
պտուտակահա
ն
raktas
դարձակ
suvirinimo apara
լապտեր

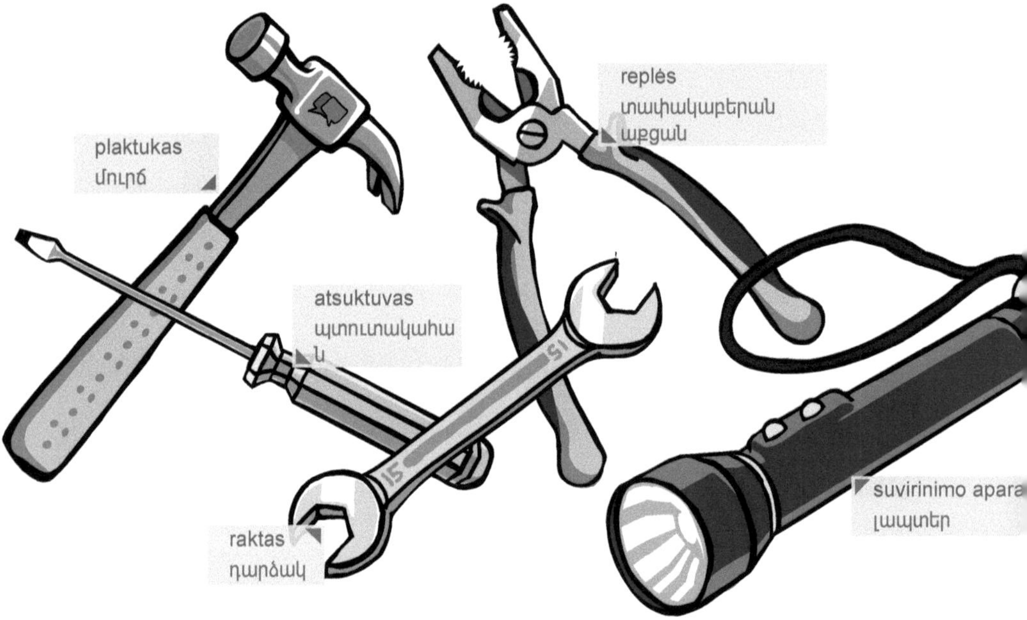

ekskavatorius

էքսկավատոր

įrankių dėžė

գործիքների տուփ

kopėčios

սանդուղք

pjūklas

սղոց

vinys

մեխեր

grąžtas

գայլիկոն

taisyti

նորոգում

kastuvas

բահ

Velniava!

գրողը տանի

semtuvėlis

գոգաթիակ

dažų skardinė

ներկաման

varžtai

պտուտակներ

muzikos instrumentai
երաժշտական գործիքներ

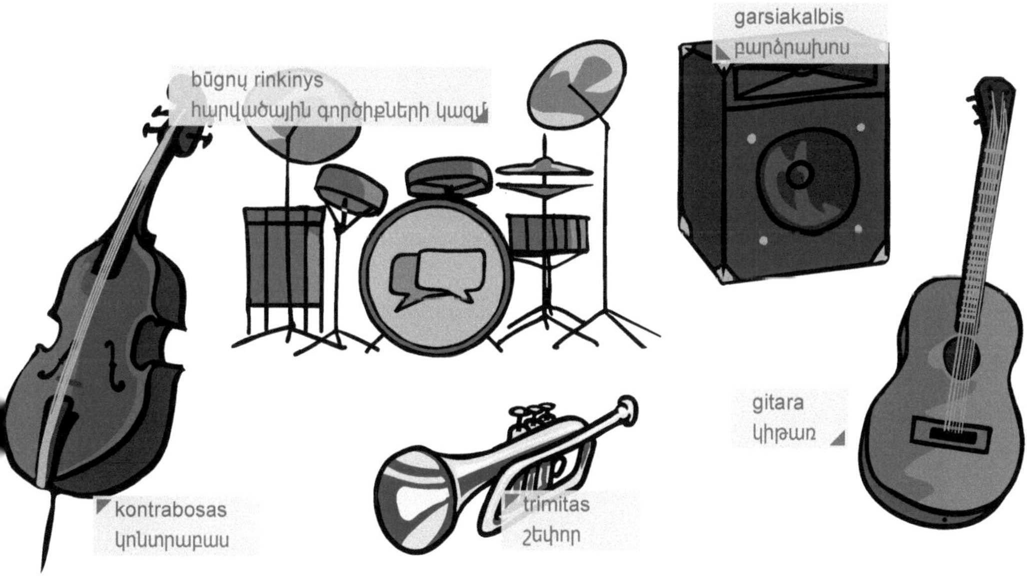

garsiakalbis
բարձրախոս
būgnų rinkinys
հարվածային գործիքների կազմ
gitara
կիթառ
kontrabosas
կոնտրաբաս
trimitas
շեփոր

pianinas

դաշնամուր

smuikas

ջութակ

bosinė gitara

բաս

timpanas

թմբուկներ

būgnai

հարվածային գործիքներ

sintezatorius

ստեղնաշար

saksofonas

սաքսոֆոն

fleita

ֆլեյտա

mikrofonas

միկրոֆոն

zoologijos sodas

կենդանաբանական այգի

įėjimas
մուտք
tigras
վագր
narvas
վանդակ
zebras
զեբր
gyvūnų pašaras
կենդանիների կերակուր
panda
պանդա

gyvūnai

կենդանիներ

dramblys

փիղ

kengūra

կենգուրու

raganosis

ռնգեղջյուր

gorila

գորիլա

meška

գորշ արջ

kupranugaris

ուղտ

strutis

ջայլամ

liūtas

առյուծ

beždžionė

կապիկ

flamingas

Ֆլամինգո

papūga

թութակ

baltoji meška

բևեռային արջ

pingvinas

պինգվին

ryklys

շնաձուկ

povas

սիրամարգ

gyvatė

օձ

krokodilas

կոկորդիլոս

zoologijos sodo prižiūrėtojas

կենդանաբանական այգու
աշխատող

ruonis

փոկ

jaguaras

յագուար

ponis

պոնի

leopardas

ընձառյուծ

begemotas

գետաձի

žirafa

ընձուղտ

erelis

արծիվ

šernas

վարազ

žuvis

ձուկ

vėžlys

կրիա

vėplys

ծովացուլ

lapė

աղվես

gazelė

վիթ

amerikietiškas futbolas
ամերիկյան ֆուտբոլ

dviračių sportas
հեծանվավազք

tenisas
թենիս

krepšinis
բասկետբոլ

plaukimas
լող

boksas
բռնցքամարտ

ledo ritulys
հոկեյ

futbolas
ֆուտբոլ

badmintonas
բադմինտոն

atletika
աթլետիկա

rankinis
ձեռքի գնդակ

slidinėjimas
դահուկային սպորտ

polas
պոլո

užsiėmimai
գործունեություն

juoktis
ծիծաղել
šokinėti
պարել
apkabinti
գրկել
vaikščioti
քայլել
dainuoti
երգել
svajoti
երազել
melstis
աղոթել
bučiuoti
համբուրել

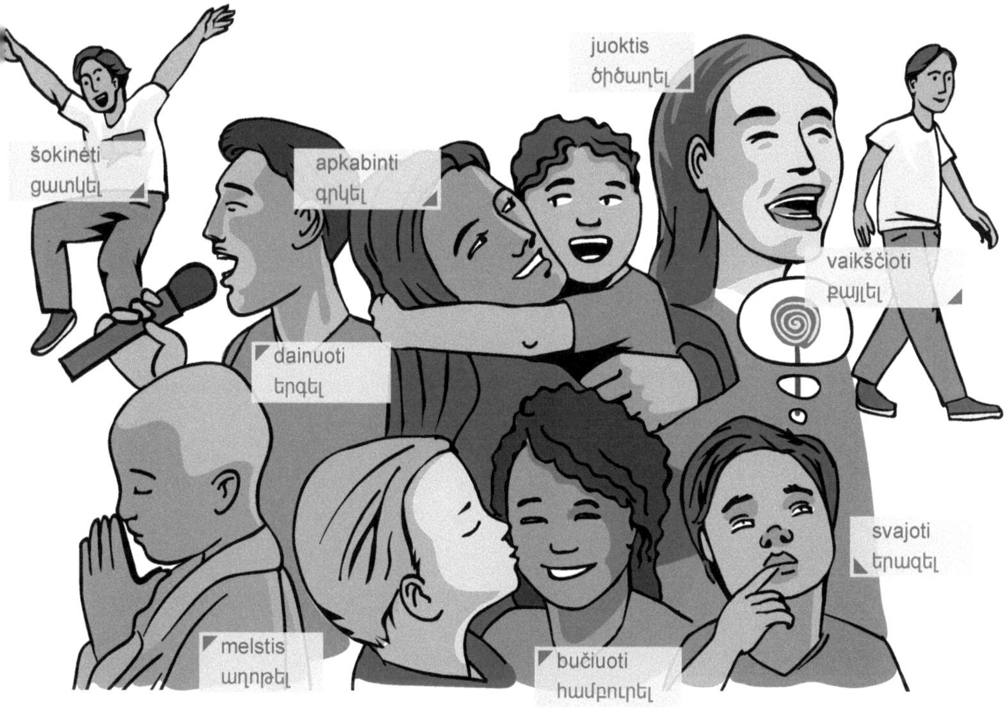

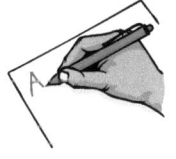

rašyti

գրել

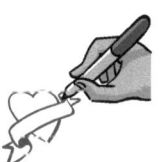

piešti

նկարել

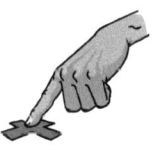

rodyti

ցույց տալ

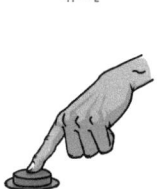

stumti

հրել

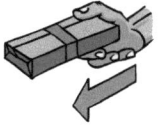

duoti

տալ

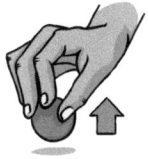

imti

վերցնել

turėti

ունենալ

daryti

դեպի

būti

լինել

stovėti

կանգնել

bėgti

վազել

traukti

քաշել

mesti

նետել

kristi

ընկնել

meluoti

ստել

laukti

սպասել

nešti

կրել

sėdėti

նստել

rengtis

հագնվել

miegoti

քնել

pabusti

արթնանալ

žiūrėti

նայել

verkti

լացել

glostyti

շոյել

šukuoti

սանրվել

kalbėti

խոսել

suprasti

հասկանալ

paklausti

հարցնել

klausytis

լսել

gerti

խմել

valgyti

ուտել

tvarkytis

հարդարվել

mylėti

սիրել

gaminti

խոհարար

vairuoti

քշել

skristi

թռչել

buriuoti

լողալ

skaičiuoti

հաշվել

skaityti

կարդալ

mokytis

սովորել

dirbti

աշխատանք

vesti

ամուսնանալ

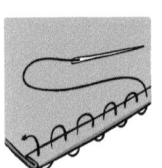

siūti

կարել

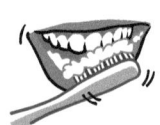

valytis dantis

ատամները լվանալ

žudyti

սպանել

rūkyti

ծուխ

siųsti

ուղարկել

šeima

ընտանիք

senelė
տատիկ
senelis
պապիկ
tėvas
հայր
motina
մայր
kūdikis
երեխա
dukra
դուստր
sūnus
որդի

svečias
hյուր

teta
hորաքույր

dėdė
hորեղբայր

brolis
եղբայր

sesuo
քույր

kūnas
մարմին

kakta
ճակատ
akis
աչք
petys
ուս
pirštas
մատ
veidas
դեմք
smakras
կզակ
plaštaka
ձեռք
krūtinė
կուրծք
koja
ոտք
ranka
թև

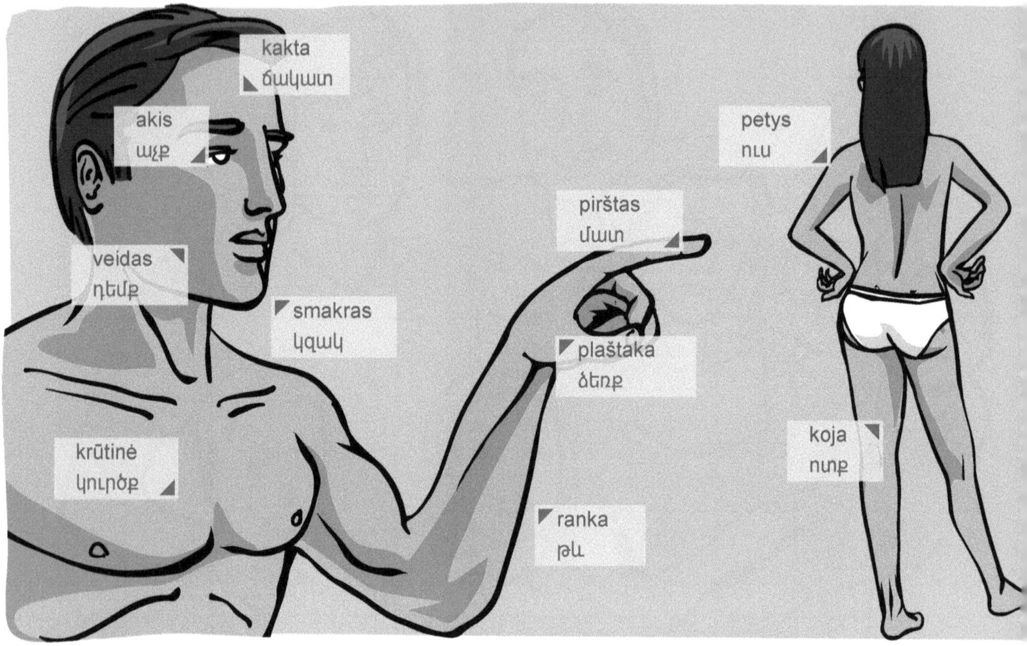

kūdikis
երեխա

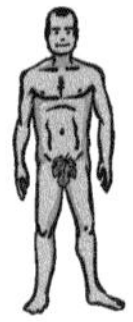

vyras
մարդ

moteris
կին

mergaitė
աղջիկ

berniukas
տղա

galva
գլուխ

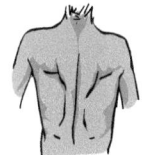

nugara

մեջք

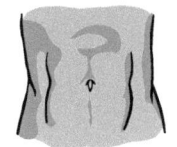

pilvas

փոր

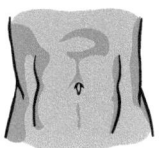

bamba

պորտ

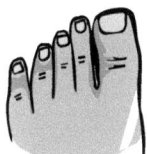

kojos pirštas

ոտնամատ

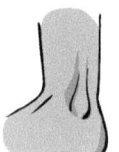

kulnas

կրունկ

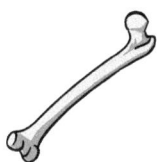

kaulas

ոսկոր

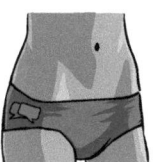

klubas

ազդր

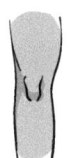

kelis

ծունկ

alkūnė

արմունկ

nosis

քիթ

sėdmenys

հետույք

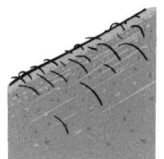

oda

մաշկ

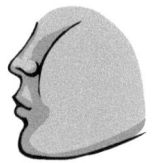

skruostas

այտ

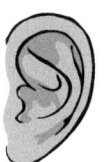

ausis

ականջ

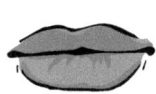

lūpa

շրթունք

burna

բերան

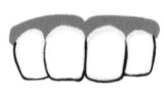

dantis

ատամ

liežuvis

լեզու

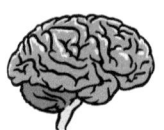

smegenys

ուղեղ

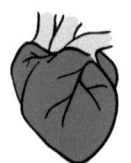

širdis

սիրտ

raumuo

մկան

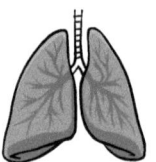

plaučiai

թոք

kepenys

լյարդ

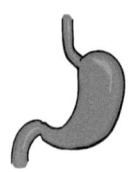

skrandis

ստամոքս

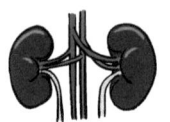

inkstai

երիկամներ

seksas

սեքս

prezervatyvas

պահպանակներ

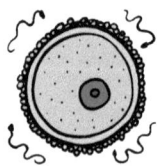

kiaušialąstė

ձվաբջիջը

sperma

Սեմյոն

nėštumas

հղիություն

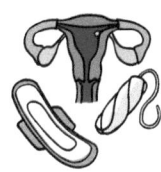

menstruacijos

դաշտան

makštis

հեշտոց

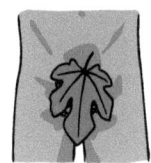

varpa

առնանդամ

antakis

հոնք

plaukai

մազ

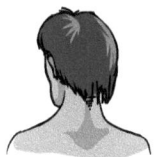

kaklas

պարանոց

ligoninė
հիվանդանոց

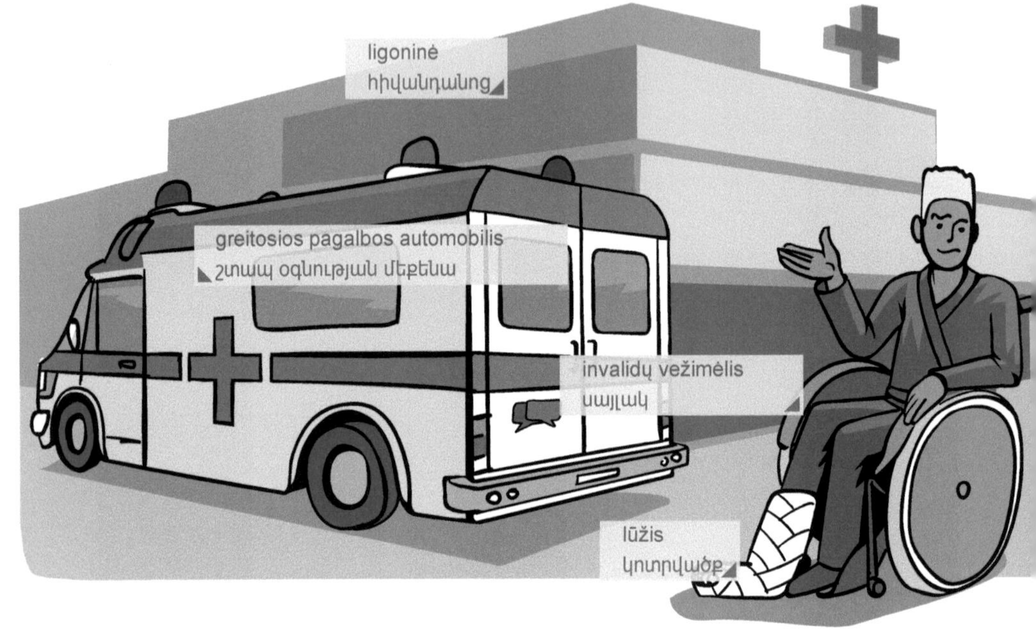

ligoninė
հիվանդանոց
greitosios pagalbos automobilis
շտապ օգնության մեքենա
invalidų vežimėlis
սայլակ
lūžis
կոտրվածք

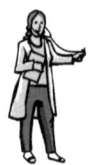

gydytojas

բժիշկ

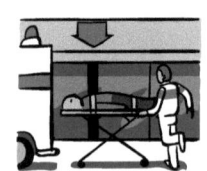

skubios pagalbos skyrius

շտապ օգնության սենյակ

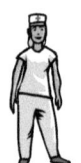

slaugytoja

բուժքույր

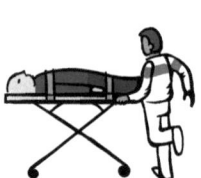

nelaimingas atsitikimas

շտապ օգնություն

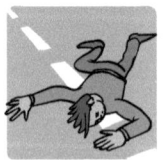

be sąmonės

անգիտակից

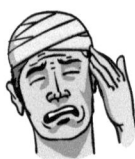

skausmas

ցավ

sužalojimas

վնասվածք

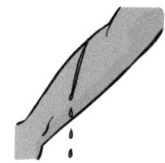

kraujavimas

արյունահոսություն

širdies smūgis

սրտի կաթված

insultas

կաթված

alergija

ալերգիա

kosulys

հազ

karščiavimas

տենդ

gripas

գրիպ

viduriavimas

փորլուծություն

galvos skausmas

գլխացավ

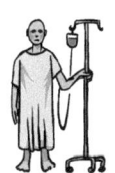

vėžys

քաղցկեղ

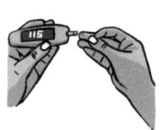

diabetas

դիաբետ

chirurgas

վիրաբույժ

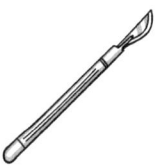

skalpelis

վիրադանակ

operacija

վիրահատություն

KT

CT

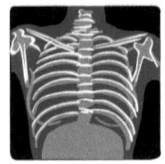

rentgenas

ռենտգեն

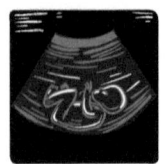

ultragarsas

ուլտրաձայնային

veido kaukė

դեմքի դիմակ

liga

հիվանդություն

laukiamasis

սպասասրահ

ramentas

հենակ

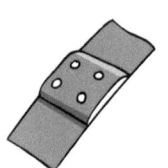

gipsas

սպեղանի

tvarstis

վիրակապ

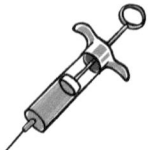

injekcija

ներարկում

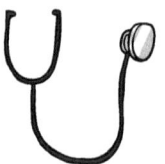

stetoskopas

լսափողակ

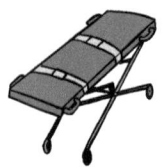

neštuvai

պատգարակ

termometras

ջերմաչափ

gimimas

ծնունդ

antsvoris

ավելաքաշ

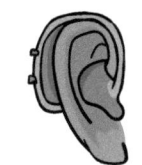

klausos aparatas

լսելով օգնության

dezinfekavimo priemonė

ախտահանիչ

infekcija

վարակ

virusas

վիրուս

ŽIV / AIDS

ՄԻԱՎ / ՁԻԱՀ

vaistas

դեղորայք

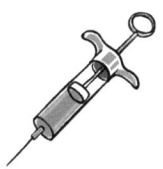

skiepijimas

պատվաստում

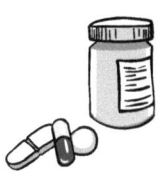

tabletės

հաբեր

piliulė

հաբ

skubios pagalbos numeris

ահազանգ

kraujospūdžio matuoklis

արյան ճնշման չափիչ սարք

ligotas / sveikas

հիվանդ / առողջ

nelaimingas atsitikimas

շտապ օգնություն

Padėkite!

Օգնություն!

pavojaus signalas

տագնապի ազդանշան

užpuolimas

հարձակում

ataka

հարձակում

pavojus

վտանգ

avarinis išėjimas

վթարային ելք

Gaisras!

Հրդեհ

gesintuvas

կրակմարիչ

nelaimingas atsitikimas

վթար

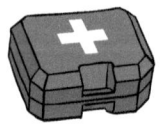

pirmosios pagalbos rinkinys

առաջին օգնության դեղարկղ

SOS

SOS

policija

ոստիկանություն

Europa

Եվրոպա

Šiaurės Amerika

Հյուսիսային Ամերիկա

Pietų Amerika

Հարավային Ամերիկա

Afrika

Աֆրիկա

Azija

Ասիա

Australija

Ավստրալիա

Atlanto vandenynas

Ատլանտյան օվկիանոս

Ramusis vandenynas

Խաղաղ օվկիանոս

Indijos vandenynas

Հնդկական օվկիանոս

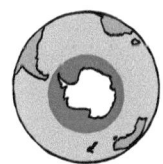

Pietų vandenynas

Հարավային Սառուցյալ օվկիանոս

Arkties vandenynas

Հյուսիսային Սառուցյալ օվկիանոս

Šiaurės ašigalis

հյուսիսային բևեռ

Pietų ašigalis

հարավային բևեռ

Antarktida

Անտարկտիդա

Žemė

երկիր

sausuma

ցամաք

jūra

ծով

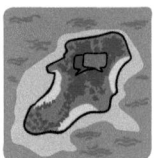

sala

կղզի

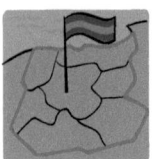

tauta

ազգ

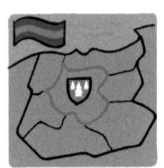

valstybė

պետական

laikrodis
ժամացույց

ciferblatas

թվատախտակ

valandinė rodyklė

ժամի սլաք

minutinė rodyklė

րոպեի սլաք

sekundinė rodyklė

վայրկյանի սլաք

Kiek valandų?

ժամը քանիսն է?

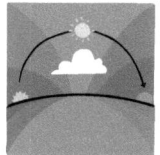

diena

օր

laikas

այսպիսով

dabar

այժմ

skaitmeninis laikrodis

թվային ժամացույց

minutė

րոպե

valanda

ժամ

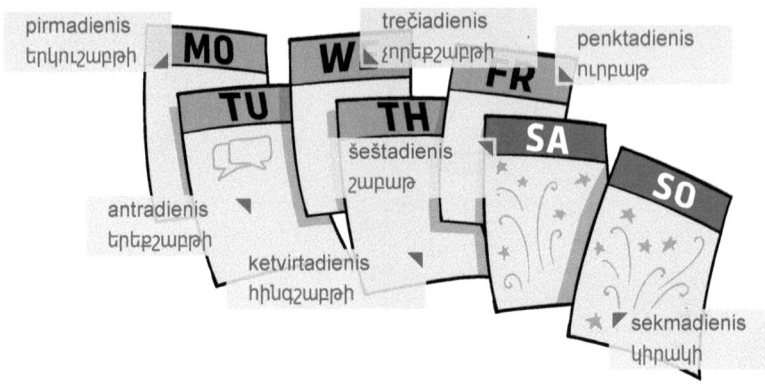

pirmadienis
երկուշաբթի **MO**

trečiadienis
չորեքշաբթի **W**

penktadienis
ուրբաթ **FR**

TU

TH

šeštadienis
շաբաթ **SA**

SO

antradienis
երեքշաբթի

ketvirtadienis
հինգշաբթի

sekmadienis
կիրակի

vakar

այսօր

šiandien

այսօր

rytoj

վաղը

rytas

առավոտ

vidurdienis

կեսօր

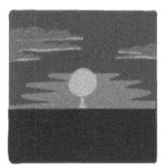

vakaras

երեկո

MO	TU	WE	TH	FR	SA	SU
1	2	3	4	5	6	7
8	9	10	11	12	13	14
15	16	17	18	19	20	21
22	23	24	25	26	27	28
29	30	31	1	2	3	4

darbo dienos

աշխատանքային օրեր

MO	TU	WE	TH	FR	SA	SU
1	2	3	4	5	6	7
8	9	10	11	12	13	14
15	16	17	18	19	20	21
22	23	24	25	26	27	28
29	30	31	1	2	3	4

savaitgalis

շաբաթվա վերջ

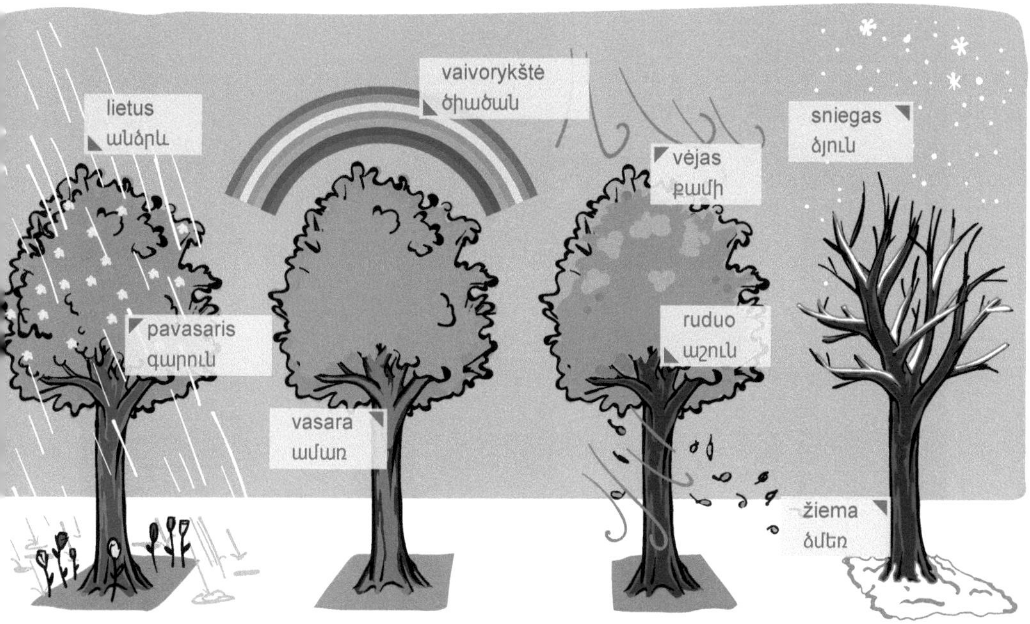

lietus
անձրև
vaivorykštė
ծիածան
sniegas
ձյուն
vėjas
քամի
pavasaris
գարուն
ruduo
աշուն
vasara
ամառ
žiema
ձմեռ

orų prognozė

եղանակի տեսություն

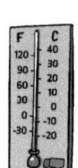

lauko termometras

ջերմաչափ

saulės šviesa

արեւի լույս

debesis

ամպ

rūkas

մառախուղ

drėgmė

խոնավություն

žaibas

կայծակ

griaustinis

որոտ

audra

փոթորիկ

kruša

կարկուտ

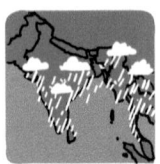

musonas

մուսոն

potvynis

ջրհեղեղ

ledas

սառույց

sausis

հունվար

vasaris

փետրվար

kovas

մարտ

balandis

ապրիլ

gegužė

մայիս

birželis

հունիս

liepa

հուլիս

rugpjūtis

օգոստոս

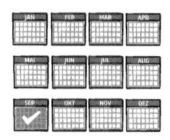

rugsėjis

սեպտեմբեր

spalis

հոկտեմբեր

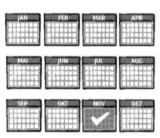

lapkritis

նոյեմբեր

gruodis

դեկտեմբեր

formos

ձևավորում

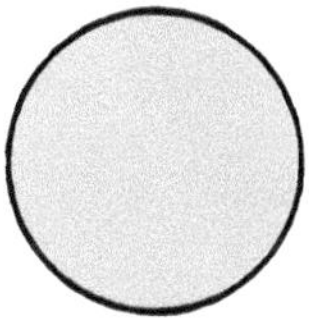

apskritimas

շրջան

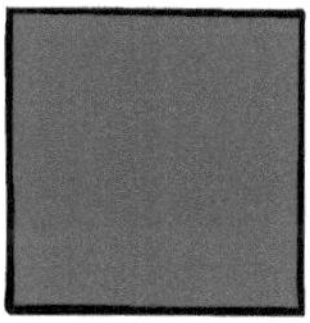

kvadratas

քառակուսի

stačiakampis

ուղղանկյունի

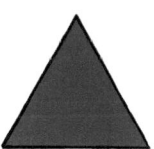

trikampis

եռանկյունի

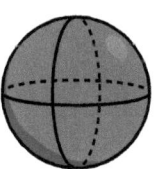

sfera

ասպարեզ

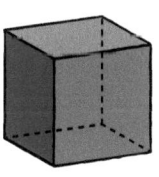

kubas

խորանարդ

spalvos

գույներ

balta

վարդագույն

geltona

մոխրագույն

oranžinė

դեղին

rožinė

մանուշակագույն

raudona

կարմիր

violetinė

շագանակագույն

mėlyna

կապույտ

žalia

սև

ruda

նարնջագույն

pilka

սպիտակ

juoda

կանաչ

priešingos reikšmės žodžiai

հակադիրներ

daug / mažai

շատ / քիչ

piktas / ramus

բարկացած / հանգիստ

gražus / bjaurus

գեղեցիկ / տգեղ

pradžia / pabaiga

սկսած / վերջը

didelis / mažas

մեծ / փոքր

šviesus / tamsus

պայծառ / մութ

brolis / sesuo

եղբայրը / քույրը

švarus / purvinas

մաքուր / կեղտոտ

užbaigtas / neužbaigtas

ամբողջական / թերի

diena / naktis

օր / գիշեր

miręs / gyvas

մեռած / կենդանի

platus / siauras

լայն / նեղ

valgomas / nevalgomas

ուտելի / անուտելի

piktas / malonus

չար / բարի

linksmas / nuobodus

հուզված / ձանձրացրել

storas / plonas

հաստ / բարակ

pirmiausia / paskiausia

առաջին / վերջին

draugas / priešas

ընկերը / թշնամին

pilnas / tuščias

լիքը / դատարկ

kietas / minkštas

կոշտ / փափուկ

sunkus / lengvas

ծանր / թեթև

alkis / troškulys

քաղց / ծարավ

ligotas / sveikas

հիվանդ / առողջ

nelegalus / legalus

անօրինական է /
իրավաբանական

protingas / kvailas

Խելացի / հիմարություն

kairė / dešinė

ձախ / աջ

arti / toli

մոտիկ / հեռու

naujas / naudotas

....

Նոր / օգտագործվում

niekas / kažkas

....

ոչինչ / ինչ - որ բան

senas / jaunas

....

ծեր / երիտասարդ

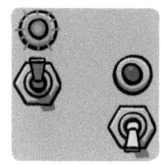

įjungta / išjungta

....

միացում անջատում

atidaryta / uždaryta

....

բաց / փակ

tylus / garsus

....

ցածր / բարձր

turtingas / vargšas

....

հարուստ / աղքատ

teisus / neteisus

....

ճիշտ / սխալ

šiurkštus / švelnus

....

անհարթ / հարթ

liūdnas / laimingas

....

տխուր / ուրախ

trumpas / ilgas

....

կարճ / երկար

lėtas / greitas

....

դանդաղ / արագ

drėgnas / sausas

....

թաց / չոր

šiltas / šaltas

....

տաք / թույն

karas / taika

....

պատերազմ / խաղաղությունը

skaičiai
թվեր

0	1	2
nulis	vienas	du
զրո	մեկ	երկու
3	4	5
trys	keturi	penki
երեք	չորս	հինգ
6	7	8
šeši	septyni	aštuoni
վեց	յոթ	ութ
9	10	11
devyni	dešimt	vienuolika
ինը	տաս	տասնմեկ

12

dvylika

տասներկու

13

trylika

տասներեք

14

keturiolika

տասնչորս

15

penkiolika

տասնհինգ

16

šešiolika

տասնվեց

17

septyniolika

տասնյոթ

18

aštuoniolika

տասնութ

19

devyniolika

տասնինը

20

dvidešimt

քսան

100

šimtas

հարյուր

1.000

tūkstantIs

հազար

1.000.000

milijonas

միլիոն

kalbos
լեզուներ

anglų

անգլերեն

amerikiečių anglų

ամերիկյան անգլերեն

kinų (mandarinų)

չինարեն մանդարին

hindi

հինդի

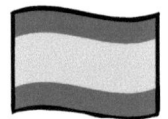

ispanų

իսպաներեն

prancūzų

ֆրանսերեն

arabų

արաբերեն

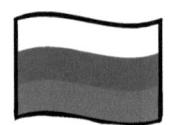

rusų

ռուսերեն

portugalų

պորտուգալերեն

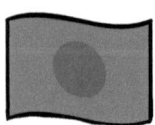

bengalų

բենգալերեն

vokiečių

գերմաներեն

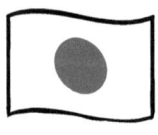

japonų

ճապոներեն

kas / ką / kaip

Ով է /, թե ինչ է /, ինչպես

aš

ես

tu

դուք

jis / ji

Նա / նա /, որ դա

mes

մենք

jūs

դուք

jie

նրանք

kas?

Ով է?

ką?

ինչ?

kaip?

ինչպես?

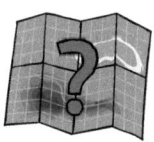

kur?

որտեղ.

kada?

երբ?

vardas

անուն

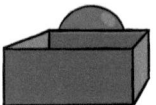

kur

որտեղ

už

ետևում

kur (vieta)

մեջ

priešais

դիմաց

virš

վրա

ant

վրա

po

տակ

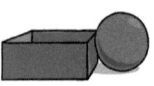

prie

կողքին

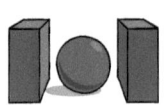

tarp

միջեւ

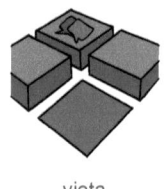

vieta

տեղ